✠

Oraciones y Prácticas
CATÓLICAS
para DISCÍPULOS JÓVENES

incluye
EL ORDINARIO DE LA MISA

CATHOLIC
Prayers and Practices
for YOUNG DISCIPLES

including
THE ORDER OF MASS

PETER M. ESPOSITO
Presidente
President

ANNE P. BATTES
Editora
Publisher

JO ROTUNNO
Editora emérita
Publisher Emeritus

CRÉDITOS Y RECONOCIMIENTO

Copyright © 2015 RCL Publishing LLC

Envíe sus preguntas a:
RCL Benziger
8805 Governor's Hill Drive, Suite 400
Cincinnati, Ohio 45249

Línea gratuita 877-275-4725 Fax 800-688-8356
Visítenos en **RCLBenziger.com**

31799 ISBN: 978-0-7829-1529-7
Oraciones y prácticas católicas para discípulos jóvenes Edición bilingüe
1.ª Edición • noviembre de 2014

Editora general: Mary Malloy
Editor bilingüe: Francisco Castillo, DMin
Diseño de la cubierta y las páginas: Mary Wessel

RECONOCIMIENTO

Los fragmentos son tomados o adaptados de *La Biblia Latinoamérica* © 1972, Sociedad Bíblica Católica Internacional (SOBICAIN), Madrid, España, y se usan con permiso. Los fragmentos son tomados o adaptados de la traducción al español del *Misal Romano* (14.a edición), © 2005, Obra Nacional de la Buena Prensa, A.C. México, D.F. La oración del penitente es del Rito de la Penitencia en el *Ritual completo de los Sacramentos* © 1976, Obra Nacional de la Buena Prensa, A.C. México, D.F.

CRÉDITOS DE ILUSTRACIONES

Arte por Michael O'Neill McGrath, OSFS. Copyright ©2001, 2002, World Library Publications, wlpmusic.com. Se reservan todos los derechos. Se utiliza con permiso. Illustrationes: portada, pág. 10-11, 18-19, 22-23, 24-25, 26-27, 28-29, 32-33, 34-35, 36-37, 38-39, 42-43, 44-45, 46-47, 48-49, 50-51, 54-55, 56-57, 58-59, 60-61, 64-65, 66-67, 70-71, 75, 77, 90-91, 92-93, 94-95

© 1994, Arquidiócesis de Chicago; Liturgy Training Publications, arte por Martin Erspamer, OSB. Ilustraciones: pág. 12-13, 20-21, 70-71, 78-79, 80-81, 88-89.

pág. 6-7 © Q2AMedia, pág. 30-31 ©RCL Benziger.

CREDITS AND ACKNOWLEDGMENTS

Copyright © 2015 by RCL Publishing LLC

Send all inquiries to:
RCL Benziger
8805 Governor's Hill Drive, Suite 400
Cincinnati, Ohio 45249

Toll Free 877-275-4725 Fax 800-688-8356
Visit us at **RCLBenziger.com**

31799 ISBN: 978-0-7829-1529-7
Catholic Prayers and Practices for Young Disciples Bilingual Edition
1st Printing • November 2014

General Editor: Mary Malloy
Bilingual Editor: Francisco Castillo, DMin
Cover and Page Design: Mary Wessel

ACKNOWLEDGMENTS
Excerpts are taken or adapted from the English translation of the *Roman Missal* © 2010 ICEL; the English translation of the Act of Contrition from *Rite of Penance* © 1974, ICEL; the English translation of *A Book of Prayers* © 1982, ICEL; *Catholic Household Blessings and Prayers* (revised edition) © 2007, United States Conference of Catholic Bishops, Washington, D.C. All rights reserved.

ILLUSTRATION CREDITS
Artwork by Michael O'Neill McGrath, OSFS. Copyright ©2001, 2002, World Library Publications, wlpmusic.com. All rights reserved. Used by permission. Illustrations: Cover, p10-11, 18-19, 22-23, 24-25, 26-27, 28-29, 32-33, 34-35, 36-37, 38-39, 42-43, 44-45, 46-47, 48-49, 50-51, 54-55, 56-57, 58-59, 60-61, 64-65, 66-67, 70-71, 75, 77, 90-91, 92-93, 94-95

© 1994, Archdiocese of Chicago; Liturgy Training Publications, art by Martin Erspamer, OSB. Illustrations: p12-13, 20-21, 70-71, 78-79, 80-81, 88-89,

p6-7 © Q2AMedia, p30-31 ©RCL Benziger.

Queridos hijos de Dios:

Este librito de oraciones los ayudará cuando hablen con Dios. Estas oraciones las usan todos los católicos para rezar.

Pueden utilizarlas para rezar con sus familias, solos y en silencio, o con sus compañeros de clase. Puedes rezar en cualquier momento y lugar.

Puedes llevar tu librito de oraciones contigo a Misa. Este libro te ayudará a seguir la Misa. También te ayudará a rezar las oraciones que rezamos juntos en Misa.

Eres hija o hijo de Dios. Eres discípula o discípulo de Jesús. Dios te ama mucho.

Tus amigos y discípulos de Jesús,

RCL Benziger
RCLBenziger.com

Dear Child of God,

This small book of prayers will help you when you talk with God. These prayers are prayers that all Catholics pray.

You may use this book to pray with your family, pray quietly by yourself, or with your classmates. You can pray anytime and anywhere.

You may take your small book of prayers with you to Mass. This book will help you follow the Mass. It will also help you pray the prayers we pray together at Mass.

You are a child of God. You are a disciple of Jesus. You are loved.

Your friends and disciples of Jesus,

RCL Benziger
RCLBenziger.com

Oraciones y Prácticas
CATÓLICAS

Señal de la Cruz

En el nombre del Padre,
y del Hijo,
y del Espíritu Santo. Amén.

En el nombre del Padre,

y del Hijo,

y del Espíritu Santo.

Amén.

CATHOLIC
PRAYERS AND PRACTICES

The Sign of the Cross

In the name of the Father,
and of the Son,
and of the Holy Spirit. Amen.

**In the name of
the Father,**

and of the Son,

**and of the
Holy Spirit.**

Amen.

Gloria al Padre (Doxología)

Gloria al Padre
y al Hijo
y al Espíritu Santo.
Como era en el principio,
ahora y siempre,
por los siglos de los siglos. Amén.

Padre Nuestro (Oración del Señor)

Padre nuestro, que estás en el cielo,
santificado sea tu Nombre;
venga a nosotros tu reino;
hágase tu voluntad
en la tierra como en el cielo.
Danos hoy nuestro pan de cada día;
perdona nuestras ofensas,
como también nosotros perdonamos a los
que nos ofenden; no nos dejes caer en la
tentación, y líbranos del mal. Amén.

Oración al Espíritu Santo

Ven, ¡oh Santo Espíritu!,
   llena los corazones de tus fieles
y enciende en ellos el fuego de tu amor.
Envía tu Espíritu
   y todo será creado.
Y se renovará la faz de la tierra.

Glory Be (Doxology)

Glory be to the Father
and to the Son
and to the Holy Spirit,
as it was in the beginning
is now, and ever shall be
world without end. Amen.

Our Father (Lord's Prayer)

Our Father, who art in heaven,
hallowed be thy name;
thy kingdom come,
thy will be done
on earth as it is in heaven.
Give us this day our daily bread,
and forgive us our trespasses,
as we forgive those who trespass against us;
and lead us not into temptation,
but deliver us from evil. Amen.

Prayer to the Holy Spirit

Come, Holy Spirit,
    fill the hearts of your faithful.
And kindle in them the fire of your love.
Send forth your Spirit
    and they shall be created.
And you will renew the face of the earth.

Ángel de mi guarda

Ángel de mi guarda,
dulce compañía,
no me desampares, ni de noche ni de día,
quédate a mi lado,
y sé siempre mi guía.
Amén.

Ave María

Dios te salve, María; llena eres de gracia;
el Señor es contigo;
bendita Tú eres entre todas las mujeres
y bendito es el fruto de tu vientre, Jesús.

Santa María, madre
de Dios
ruega por nosotros,
pecadores,
ahora y en la hora de
nuestra muerte.
Amén.

Angel of God

Angel of God,
my guardian dear,
to whom God's love commits me here,
ever this day be at my side,
to light and guard, to rule and guide.
Amen.

The Hail Mary

Hail, Mary, full of grace,
the Lord is with thee.
Blessed art thou among women
and blessed is the fruit of thy womb, Jesus.
Holy Mary, Mother of God,
pray for us sinners,
now and at the hour
   of our death.
   Amen.

Acto de Fe

Creo en Dios Padre; creo en Dios Hijo;
creo en Dios Espíritu Santo;
creo en la Santísima Trinidad;
creo en mi Señor Jesucristo, Dios y Hombre
verdadero.
Amén.

Acto de Esperanza

Espero en Dios Padre; espero en Dios Hijo;
espero en Dios Espíritu Santo;
espero en la Santísima Trinidad;
espero en mi Señor Jesucristo, Dios y Hombre
verdadero.
Amén.

Acto de Caridad

Amo a Dios Padre; amo a Dios Hijo; amo a Dios
Espíritu Santo; amo a la Santísima Trinidad;
amo a mi Señor Jesucristo, Dios y Hombre
verdadero. Amo a mi prójimo como a mi
mismo por amor a Ti. Perdono a los que me
han ofendido y pido perdón a todos los que
he ofendido. Amén.

Act of Faith

O my God, I firmly believe that you are one God in three divine Persons, Father, Son, and Holy Spirit; I believe that your divine Son became man and died for our sins, and that he will come to judge the living and the dead. Amen.

Act of Hope

O my God, relying on your infinite goodness and promises, I hope to obtain pardon of my sins, the help of your grace, and life everlasting, through the merits of Jesus Christ, my Lord and Redeemer.
Amen.

Act of Love

O my God, I love you above all things, with my whole heart and soul, because you are all good and worthy of all my love. I love my neighbor as myself for the love of you. I forgive all who have injured me and I ask pardon of all whom I have injured.
Amen.

Oración de la mañana

Querido Dios,
al comenzar este día,
guárdame en tu amor y cuidado.
Ayúdame hoy a vivir como hijo tuyo.
Bendíceme a mí, a mi familia
y mis amigos en todo lo que hagamos.
Mantennos junto a ti. Amén.

Oración vespertina

Querido Dios,
te doy gracias por el día de hoy.
Mantenme a salvo durante la noche.
Te agradezco por todo lo bueno que hice hoy.
Y te pido perdón por hacer
    algo que está mal.
Bendice a mi familia y a mis amigos.
    Amén.

Oración para seguir a Jesús

Dios, sé que me llamarás
para darme una tarea especial en mi vida.
Ayúdame a seguir a Jesús cada día
y a estar liso para responder
    a tu llamado.
Amén.

Morning Prayer

Dear God,
as I begin this day,
keep me in your love and care.
Help me to live as your child today.
Bless me, my family,
and my friends in all we do.
Keep us all close to you. Amen.

Evening Prayer

Dear God,
I thank you for today.
Keep me safe throughout the night.
Thank you for all the good I did today.
I am sorry for what I have
    chosen to do wrong.
Bless my family and friends.
    Amen.

A Prayer to Follow Jesus

God, I know you will call me
for special work in my life.
Help me follow Jesus each day
and be ready to answer
    your call.
Amen.

Letanía de los Santos

Líder: Señor, ten piedad
Todos **Señor, ten piedad**
Líder: Cristo, ten piedad
Todos: **Cristo, ten piedad**
Líder: Señor, ten piedad
Todos: **Señor, ten piedad**

Santa María, Madre de Dios	ruega por nosotros
San Miguel	ruega por nosotros
Todos los santos ángeles	rueguen por nosotros
San Juan Bautista	ruega por nosotros
San José	ruega por nosotros
San Pedro y San Pablo	rueguen por nosotros
San Andrés	ruega por nosotros
San Juan	ruega por nosotros
Santa María Magdalena	ruega por nosotros
San Esteban	ruega por nosotros
San Ignacio de Antioquía	ruega por nosotros
San Lorenzo	ruega por nosotros
Sta. Perpetua y Sta. Felicidad	rueguen por nosotros
Sta. Inés	ruega por nosotros
San Gregorio	ruega por nosotros
San Agustín	ruega por nosotros
San Basilio	ruega por nosotros
San Martín	ruega por nosotros
San Benito	ruega por nosotros
San Francisco y Sto. Domingo	rueguen por nosotros
San Francisco Javier	ruega por nosotros
San Juan Vianney	ruega por nosotros
Santa Catalina	ruega por nosotros
Santa Teresa de Ávila	ruega por nosotros
Todos los santos y santas de Dios	rueguen por nosotros

Litany of the Saints

Leader: Lord, have mercy
All: **Lord, have mercy**
Leader: Christ, have mercy
All: **Christ have mercy**
Leader: Lord, have mercy
All: **Lord, have mercy**

Holy Mary, Mother of God	pray for us
St. Michael	pray for us
Holy angels of God	pray for us
St. John the Baptist	pray for us
St. Joseph	pray for us
St. Peter and St. Paul	pray for us
St. Andrew	pray for us
St. John	pray for us
St. Mary Magdalene	pray for us
St. Stephen	pray for us
St. Ignatius of Antioch	pray for us
St. Lawrence	pray for us
St. Perpetua and St. Felicity	pray for us
St. Agnes	pray for us
St. Gregory	pray for us
St. Augustine	pray for us
St. Basil	pray for us
St. Martin	pray for us
St. Benedict	pray for us
St. Francis and St. Dominic	pray for us
St. Francis Xavier	pray for us
St. John Vianney	pray for us
St. Catherine	pray for us
St. Teresa of Jesus	pray for us
All you holy men and women	pray for us.

Oración antes de comer

Bendícenos, Señor,
junto con estos dones
que vamos a recibir
de tu generosidad, por Cristo Nuestro Señor.
Amén.

Acción de gracias después de comer

Te damos gracias por todos tus dones,
Dios todopoderoso,
Tú que vives y reinas ahora y siempre
Amén.

Grace Before Meals

Bless us, O Lord,
and these thy gifts,
which we are about to receive
from thy bounty, through Christ our Lord.
Amen.

Grace After Meals

We give thee thanks, for all thy benefits,
almighty God,
who lives and reigns forever.
Amen.

Oración de San Francisco

Señor, hazme instrumento
   de tu paz:
que donde haya odio,
   siembre yo el amor;
donde haya ofensa, perdón
donde haya duda, fe;
donde haya desaliento, esperanza;
donde haya oscuridad, luz;
donde haya tristeza, alegría.

Oh Divino Maestro,
   que no busque
   ser consolado
   sino consolar,
ser comprendido,
   sino comprender.,
que no busque ser querido,
   sino amar
Dando es
   como recibimos.
Perdonando es como Tú,
nos perdonas
y muriendo en Ti es como
nacemos a la vida eterna.
Amén.

Prayer of Saint Francis

Lord, make me an instrument
    of your peace:
where there is hatred,
    let me sow love;
where there is injury, pardon;
where there is doubt, faith;
where there is despair, hope;
where there is darkness, light;
where there is sadness, joy.

O divine Master,
    grant that I may not
    so much seek
    to be consoled as to
    console,
to be understood
    as to understand,
to be loved as to love.

For it is in giving that we
    receive,
it is in pardoning that we
    are pardoned,
it is in dying that we are born
    to eternal life.
Amen.

Ángelus

Líder: El ángel del Señor anunció a María.

Respuesta: Y concibió por obra y gracia del Espíritu Santo.

Todos: Dios te salve, María . . .

Líder: He aquí la esclava del Señor.

Respuesta: Hágase en mí según tu palabra.

Todos: Dios te salve, María . . .

Líder: Y el Verbo de Dios se hizo carne.

Respuesta: Y habitó entre nosotros.

Todos: Dios te salve, María . . .

Líder: Ruega por nosotros, Santa Madre de Dios,

Respuesta: Para que seamos dignos de alcanzar las promesas de Jesucristo.

Todos: Amén.

The Angelus

Leader: The Angel of the Lord declared unto Mary,

Response: And she conceived of the Holy Spirit.

All: Hail Mary . . .

Leader: Behold the handmaid of the Lord,

Response: Be it done unto me according to your Word.

All: Hail Mary . . .

Leader: And the Word was made flesh,

Response: And dwelt among us.

All: Hail Mary . . .

Leader: Pray for us, O Holy Mother of God,

Response: That we may be made worthy of the promises of Christ.

All: Amen.

La Regla de Oro

Traten a los demás como quieren que ellos les traten a ustedes. Ahí está toda la Ley y los Profetas. Mateo 7:12

El Gran Mandamiento

"Amarás al Señor tu Dios
con todo tu corazón,
con toda tu alma
y con toda tu mente...
Amarás a tu prójimo como a ti mismo".
Mateo 22:37, 39

El Nuevo Mandamiento

[Jesús dijo:] "Les doy un mandamiento nuevo: que se amen los unos a los otros. Ustedes deben amarse unos a otros como yo los he amado. En esto reconocerán todos que son mis discípulos: en que se aman unos a otros". Juan 13:34-35

The Golden Rule

Do to others whatever you would have them do to you. This is the law and the prophets.

Matthew 7:12

The Great Commandment

"You shall love the Lord,
your God, with all your
heart, with all your soul,
and with all your mind. . . .
You shall love your neighbor as yourself."

Matthew 22:37, 39

The New Commandment

[Jesus said:] "I give you a new commandment: love one another. As I have loved you, so you also should love one another. This is how all will know that you are my disciples, if you have love for one another."

John 13:34-35

Los Diez Mandamientos

1. Yo soy el Señor, tu Dios. No tendrás otros dioses fuera de mí.

2. No tomes en vano el nombre del Señor, tu Dios.

3. Acuérdate del Día del Señor, para santificarlo.

4. Respeta a tu padre y a tu madre.

5. No mates.

6. No cometas adulterio.

7. No robes.

8. No dirás falso testimonio ni mentirás.

9. No codicies la mujer de tu prójimo.

10. No codiciarás los bienes ajenos.

The Ten Commandments

1. I am the LORD your God: you shall not have strange gods before me.

2. You shall not take the name of the LORD your God in vain.

3. Remember to keep holy the LORD's Day.

4. Honor your father and your mother.

5. You shall not kill.

6. You shall not commit adultery.

7. You shall not steal.

8. You shall not bear false witness against your neighbor.

9. You shall not covet your neighbor's wife.

10. You shall not covet your neighbor's goods.

Las Bienaventuranzas

"Felices los que tienen el espíritu del pobre,
   porque de ellos es el Reino de los Cielos.
Felices los que lloran,
   porque recibirán consuelo.
Felices los pacientes,
   porque recibirán la tierra en herencia.
Felices los que tienen hambre
      y sed de justicia,
   porque serán saciados.
Felices los compasivos,
   porque obtendrán misericordia.
Felices los de corazón limpio,
   porque verán a Dios.
Felices los que trabajan por la paz,
   porque serán reconocidos como hijos de Dios.
Felices los que son
            perseguidos por
               causa del bien,
               porque de ellos es el Reino
               de los Cielos".
      Alégrense y muéstrense
      contentos, porque será
      grande la recompensa que
      recibirán en el cielo."

                              Mateo 5:3-12

The Beatitudes

"Blessed are the poor in spirit,
    for theirs is the kingdom of heaven.
Blessed are they who mourn,
    for they will be comforted.
Blessed are the meek,
    for they will inherit the land.
Blessed are they who hunger
      and thirst for righteousness,
    for they will be satisfied.
Blessed are the merciful,
    for they will be shown mercy.
Blessed are the clean of heart,
    for they will see God.
Blessed are the peacemakers,
    for they will be called children of God.
Blessed are they who are persecuted for the
      sake of righteousness,
    for theirs is the kingdom of
      heaven.
Blessed are you when they insult you
and persecute you and utter every kind
of evil against you [falsely]
because of me. Rejoice and
be glad, for your reward
will be great in heaven."
          Matthew 5:3-12

Rezamos el
ROSARIO

5 Reza la Salve Regina.
Haz la Señal de la Cruz.

3 Piensa en el primer misterio. Reza un Padre Nuestro, diez Ave Marías y el Gloria al Padre.

4 Repite el paso n°. 3 para cada uno de los siguientes cuatro misterios.

2 Reza un Padre Nuestro, tres Ave Marías y el Gloria al Padre.

1 Haz la Señal de la Cruz y reza el Credo de los Apóstoles.

El Rosario

Los católicos rezan el Rosario para honrar a María y recordar los sucesos importantes en la vida de Jesús y María. Hay veinte misterios del Rosario. Sigue los pasos del 1 al 5.

Misterios gozosos

1. La Anunciación
2. La Visitación
3. La Natividad
4. La Presentación de Jesús en el Templo
5. El hallazgo de Jesús en el Templo

We pray the
ROSARY

3 Think of the first mystery. Pray an Our Father, 10 Hail Marys, and the Glory Be.

5 Pray the Hail, Holy Queen. Make the Sign of the Cross.

4 Repeat step 3 for each of the next 4 mysteries.

2 Pray an Our Father, 3 Hail Marys, and the Glory Be.

1 Make the Sign of the Cross and pray the Apostles' Creed.

Rosary

Catholics pray the Rosary to honor Mary and remember the important events in the lives of Jesus and Mary. There are twenty mysteries of the Rosary. Follow the steps from 1 to 5.

Joyful Mysteries

1. The Annunciation
2. The Visitation
3. The Nativity
4. The Presentation in the Temple
5. The Finding of the Child Jesus After Three Days in the Temple

Misterios luminosos

1. El Bautismo de Jesús en el río Jordán
2. El milagro de Jesús en la boda de Caná
3. La proclamación del Reino de Dios y el llamado a la conversión
4. La Transfiguración
5. La institución de la Eucaristía

Misterios dolorosos

1. La agonía en el Huerto
2. La flagelación en la columna
3. La coronación de espinas
4. La cruz a cuestas
5. La Crucifixión y muerte

Misterios gloriosos

1. La Resurrección
2. La Ascensión
3. La venida del Espíritu Santo
4. La Asunción de María
5. La Coronación de María como la Reina del cielo y la tierra

Luminous Mysteries

1. The Baptism at the Jordan
2. The Miracle at Cana
3. The Proclamation of the Kingdom and the Call to Conversion
4. The Transfiguration
5. The Institution of the Eucharist

Sorrowful Mysteries

1. The Agony in the Garden
2. The Scourging at the Pillar
3. The Crowning with Thorns
4. The Carrying of the Cross
5. The Crucifixion and Death

Glorious Mysteries

1. The Resurrection
2. The Ascension
3. The Descent of the Holy Spirit at Pentecost
4. The Assumption of Mary
5. The Crowning of the Blessed Virgin as Queen of Heaven and Earth

Salve Regina

Dios te salve, Reina y Madre de misericordia,
vida, dulzura y esperanza nuestra;
A ti llamamos los desterrados
    hijos de Eva;
a ti suspiramos, gimiendo y llorando
en este valle de lágrimas.
Ea, pues, Señora, abogada nuestra,
vuelve a nosotros esos tus ojos misericordiosos;
y después de este destierro, muéstranos a
Jesús, fruto bendito de tu vientre.
¡Oh, clementísima, oh piadosa, oh dulce
Virgen María!

Nuestra Señora de Guadalupe

La Iglesia venera a María como Nuestra Señora de Guadalupe. Nuestra Señora se conoce con muchos títulos. Honrémosla rezando:

Nuestra Señora de Guadalupe,
ruega por nosotros!
¡Patronas de las Américas,
ruega por nosotros!
¡Patrona de México,
ruega por nosotros!
¡Madre de Dios,
ruega por nosotros!
Reina de la Paz,
ruega por nosotros!

Hail, Holy Queen

Hail, holy Queen, Mother of mercy:
Hail, our life, our sweetness and our hope.
To you do we cry, poor banished
    children of Eve.
To you do we send up our sighs, mourning
and weeping in this valley of tears.
Turn then, most gracious advocate,
your eyes of mercy toward us;
and after this our exile
show unto us the blessed fruit
    of your womb, Jesus.
O clement, O loving, O sweet Virgin Mary.

Our Lady of Guadalupe

*The Church honors Mary as
Our Lady of Guadalupe. Our
Lady is known by many titles.
Let us honor her as we pray:*

Our Lady of Guadalupe,
pray for us!
Patroness of the Americas,
pray for us!
Patroness of Mexico,
pray for us!
Mother of God,
pray for us!
Queen of peace,
pray for us!

Estaciones de la Cruz

1. Jesús es condenado a muerte.
2. Jesús acepta la cruz.
3. Jesús cae por primera vez.
4. Jesús se encuentra con su Madre.
5. Simón el Cirineo ayuda a Jesús a llevar la cruz.
6. Verónica limpia el rostro de Jesús.
7. Jesús cae por segunda vez.
8. Jesús se encuentra con las mujeres de Jerusalén.
9. Jesús cae por tercera vez.
10. Jesús es despojado de sus vestiduras.
11. Jesús es clavado en la cruz.
12. Jesús muere en la cruz.
13. Jesús es bajado de la cruz.
14. Jesús en enterrado en el sepulcro.

Algunas parroquias terminan el Vía Crucis con una reflexión acerca de la Resurrección de Jesús.

Stations of the Cross

1. Jesus is condemned to death.
2. Jesus accepts his cross.
3. Jesus falls the first time.
4. Jesus meets his mother.
5. Simon helps Jesus carry the cross.
6. Veronica wipes the face of Jesus.
7. Jesus falls the second time.
8. Jesus meets the women.
9. Jesus falls the third time.
10. Jesus is stripped of his clothes.
11. Jesus is nailed to the cross.
12. Jesus dies on the cross.
13. Jesus is taken down from the cross.
14. Jesus is buried in the tomb.

Some parishes end the Stations by reflecting on the Resurrection of Jesus.

✠
ORACIONES DE
BENDICIÓN

Oración por las madres

Querido Jesús,
amaste muchísimo
a tu madre, María.
Bendice a mi madre.
Ayúdala con el trabajo
que tiene que hacer hoy.

Ayúdame a demostrarle
amor y respeto
en todo lo que digo y hago.
Amén.

Oración por los padres

Querido Jesús,
amaste y obedeciste a José,
tu padre en la Tierra.

Bendice a mi padre.
Ayúdalo con el trabajo
que tiene que hacer hoy.

Ayúdame a demostrarle
amor y respeto
en todo lo que digo y hago.
Amén.

BLESSING
PRAYERS

Prayer for Mothers

Dear Jesus,
you loved your mother, Mary,
very much.

Bless my mother.
Help her with the work
she has to do today.

Help me to show her
love and respect
in all I say and do.
Amen.

Prayer for Fathers

Dear Jesus,
you loved and obeyed Joseph,
your father on Earth.

Bless my father.
Help him with the work
he has to do today.

Help me to show him
love and respect
in all I say and do.
Amen.

Bendición a los abuelos

Señor Dios Todopoderoso,
bendice a nuestros abuelos con larga vida,
    felicidad y salud.
Que permanezcan incesantes en tu amor
y sean signos vivos de tu presencia
para sus hijos y nietos.
Te lo pedimos por Cristo nuestro Señor.
Amén.

Bendiciones para cumpleaños

Dios amoroso,
creaste a todas las personas del mundo,
y nos conoces a cada uno de nosotros por
nuestro nombre.
Te damos gracias por _____,
    (decir el nombre de la persona)
que celebra su cumpleaños.

Bendícelo/a con tu amor y amistad
para que pueda crecer en sabiduría,
    conocimiento y gracia.
Que siempre ame a su familia y
sea siempre leal a sus amigos.
Te lo pedimos por Cristo
    nuestro Señor.
Amén.

Blessing of Grandparents

Lord God almighty,
bless our grandparents with long life,
    happiness, and health.
May they remain constant in your love
and be living signs of your presence
to their children and grandchildren.
We ask this through Christ our Lord.
Amen.

Blessing on Birthdays

Loving God,
you created all the people of the world,
and you know each of us by name.
We thank you for _____,
    (pray the person's name)
who celebrates his/her birthday.

Bless him/her with your love and friendship
that he/she may grow in wisdom,
    knowledge, and grace.
May he/she love his/her family always
and be ever faithful to his/her friends.
Grant this through Christ our Lord.
Amen.

Bendición antes de la Primera Comunión

(Decir el nombre de la persona)

_____, que el Señor Jesucristo toque tus
   oídos para que recibas su Palabra,
y tu boca para que proclames su fe.
Que vayas a su cena con gozo
para alabanza y gloria de Dios. Amén.

Oración al inicio del año escolar

Dios de sabiduría y poder,
te alabamos por las maravillas de nuestro ser,
por la mente, el cuerpo y el espíritu.
Te pedimos que permanezcas con nuestros
hijos que comienzan
   un nuevo año escolar. Bendícelos y bendí-
ce a sus maestros y a todo el personal. Te lo
pedimos por Cristo nuestro Señor. Amén.

Bendición de una mascota

Oh Dios,
nos pediste que cuidemos y
disfrutemos a todas las criaturas
de la tierra. Bendice a nuestra
mascota, _____ (nombre).
Te pedimos por su salud y
seguridad. Ayúdanos a cuidarla.
Amén.

Blessing Before First Communion

(Pray the person's name)
_____, may the Lord Jesus touch your
    ears to receive his Word,
and your mouth to proclaim his faith.
May you come with joy to his supper
to the praise and glory of God.
Amen.

Prayer to Begin a School Year

God of wisdom and might,
we praise you for the wonders of our being,
for mind, body, and spirit.
Be with our children as they begin
    a new school year.
Bless them and their teachers and staff.
We ask this through Jesus Christ our Lord.
Amen.

Blessing for a Pet

O God,
you ask us to care for and
to enjoy the creatures
of the earth.
Bless our pet, _____ (name).
Keep him/her safe and healthy.
Help us to care for him/her.
Amen.

✠

LOS SIETE SACRAMENTOS

*Jesús le dio a la Iglesia los Siete Sacramentos.
Son signos del amor de Dios por nosotros.
Cuando celebramos los Sacramentos Jesús está
realmente presente entre nosotros. Nos hacen
partícipes de la vida de la Santísima Trinidad.*

SACRAMENTOS DE LA INICIACIÓN

Bautismo

Nos unimos a Cristo. Nos
hacemos miembros del Cuerpo
de Cristo, la Iglesia.

Confirmación

El Espíritu Santo nos fortalece
para vivir como hijos de Dios.

Eucaristía

Participar de la Eucaristía nos une
más plenamente a Cristo y a la
Iglesia. Recibimos el Cuerpo y la
Sangre de Cristo.

✠

The Seven Sacraments

Jesus gave the Church the Seven Sacraments.
They are signs of God's love for us.
When we celebrate the Sacraments,
Jesus is really present with us.
We share in the life of the Holy Trinity.

SACRAMENTS OF INITIATION

Baptism

We are joined to Christ. We become members of the Body of Christ, the Church.

Confirmation

The Holy Spirit strengthens us to live as children of God.

Eucharist

Sharing in the Eucharist joins us most fully to Christ and to the Church. We receive the Body and Blood of Christ.

SACRAMENTOS DE CURACIÓN

Penitencia y Reconciliación

Por mediación del sacerdote, recibimos el don del perdón y la paz de Dios.

Unción de los Enfermos

Recibimos la fuerza sanadora de Dios cuando estamos enfermos, moribundos o débiles por ser de edad avanzada.

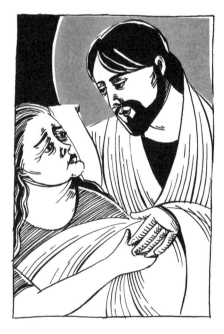

Penance and Reconciliation

Through the ministry of the priest we receive God's gift of forgiveness and peace.

Anointing of the Sick

We receive God's healing strength when we are sick or dying, or weak because of old age.

Orden Sagrado

Un hombre bautizado es consagrado para servir a la Iglesia como obispo, sacerdote o diácono.

Matrimonio

El Matrimonio une a un hombre bautizado y a una mujer bautizada en un vínculo de toda la vida de amarse fielmente y respetarse mutuamente. Prometen aceptar el don de Dios de los hijos.

Holy Orders

A baptized man is ordained to serve the Church as a bishop, priest, or deacon.

Matrimony

A baptized man and a baptized woman make a lifelong promise to love and respect each other as husband and wife. They promise to accept the gift of children from God.

El SACRAMENTO de la PENITENCIA Y RECONCILIACIÓN

Rito individual

- Saludo
- Lectura de la Escritura
- Confesión de los pecados y aceptación de la penitencia
- Oración del penitente
- Absolución
- Oración de cierre

Rito comunitario

- Saludo
- Lectura de la Escritura
- Homilía
- Examen de conciencia
- Letanía de Contrición y el Padre Nuestro
- Confesión individual y absolución
- Oración final

The SACRAMENT of PENANCE and RECONCILIATION

Individual Rite

- Greeting
- Scripture Reading
- Confession of Sins and
    Acceptance of Penance
- Act of Contrition
- Absolution
- Closing Prayer

Communal Rite

- Greeting
- Scripture Reading
- Homily
- Examination of
    Conscience
- Litany of Contrition
    and the Lord's Prayer
- Individual Confession
    and Absolution
- Closing Prayer

Examen de conciencia

El examen de conciencia te ayuda a vivir como hijo o hija de Dios. Pregúntate si estás viviendo como Jesús quiere.

Lee y piensa sobre las preguntas que te ayuden a examinarte la conciencia.

- ❏ ¿Hablo con Dios todos los días?
- ❏ ¿Le doy gracias a Dios por mis dones y talentos?
- ❏ ¿Me preocupo por cuidar la Tierra?
- ❏ ¿Obedezco a mis padres y les muestro respeto?
- ❏ ¿Escucho y muestro respeto a mis maestros y al director de la escuela?
- ❏ ¿Muestro respeto a mis compañeros de clase?
- ❏ ¿Pido disculpa a las personas que he ofendido?
- ❏ ¿Perdono a la persona que me ha ofendido?

Piensa en una forma en que vas a vivir como hijo o hija de Dios mañana. Pide al Espíritu Santo que te ayude.

Examination of Conscience

Examine your conscience to help you live as a child of God. Ask yourself if you are living as Jesus wants you to live.

Read and think about the questions to help you examine your conscience.

- ❏ Do I talk to God every day?
- ❏ Do I thank God for my gifts and talents?
- ❏ Do I care for the things of the earth?
- ❏ Do I obey my parents and show them respect?
- ❏ Do I listen and show respect to my teachers and principal at school?
- ❏ Do I show respect to my classmates?
- ❏ Do I say I'm sorry to the person I have hurt?
- ❏ Do I say I forgive you to the person who has hurt me?

Think about one way you will live as a child of God tomorrow. Ask the Holy Spirit to help you.

Oración del penitente

Dios mío,
me arrepiento de todo corazón
de todo lo malo que he hecho
y de todo lo bueno que he dejado de hacer
porque pecando te he ofendido a ti,
que eres el sumo bien y digno de ser amado
sobre todas las cosas.
Propongo firmemente, con tu gracia,
cumplir la penitencia,
no volver a pecar
y evitar las ocasiones de pecado.
Perdóname, Señor, por los méritos de la
pasión de nuestro salvador Jesucristo.

El Buen Pastor

Jesús, el Buen
Pastor nos guía
y cuida como sus
ovejas. Nos guía
por las sendas
del bien y la
rectitud.

Act of Contrition

My God,
I am sorry for my sins with all my heart.
In choosing to do wrong
and failing to do good,
I have sinned against you
whom I should love above all things.
I firmly intend, with your help,
to do penance,
to sin no more,
and to avoid whatever leads me to sin.
Our Savior Jesus Christ
suffered and died for us.
In his name, my God, have mercy.

The Good Shepherd

Jesus, the Good Shepherd, leads and cares for his sheep. He guides us in ways that are right and good.

VISITA a una IGLESIA

Las iglesias católicas están construidas en muchos estilos y tamaños. Algunas son más antiguas y otras más nuevas. Algunas son grandes y otras pequeñas. Pero, todas son lugares donde la gente alaba a Dios.

Pila bautismal

Cuando entras a una iglesia católica puedes ver una pila o fuente bautismal. La pila bautismal contiene el agua que se usa para el Sacramento del Bautismo.

Cirio pascual

El cirio pascual, también llamado vela de Pascua, es un símbolo del Cristo Resucitado que es la Luz del mundo.

Ambón

El ambón es el lugar especial desde donde se lee la Palabra de Dios. Los lectores son las personas que leen la primera y segunda lectura durante la misa. El diácono o el sacerdote lee el Evangelio.

A VISIT to CHURCH

Catholic churches are built in many styles and sizes. Some Catholic churches are older and some are newer. Some are big and some are small. But, all churches are places where people worship God.

Baptismal Font

As you enter a Catholic church, you may see a baptismal font. The baptismal font holds the water used for the Sacrament of Baptism.

Paschal Candle

The Paschal candle, also called the Easter candle, is a symbol of the Risen Christ who is the Light of the world.

Ambo

The ambo is the special place from where the Word of God is read. The lectors are the people who read the First and Second Readings during Mass. The deacon or priest reads the Gospel.

Altar

El altar es la mesa desde la cual Jesús comparte su Cuerpo y su Sangre con nosotros. Nos recuerda la Última Cena y que Jesús murió por nosotros.

Crucifijo

Un crucifijo es una cruz con una imagen de Jesús. Puedes ver que uno de los acólitos lleva un crucifijo en procesión. El crucifijo es un signo del amor y la misericordia de Dios.

Por medio de la Iglesia, Cristo continúa estando con nosotros en el mundo. La Iglesia es cada uno de nosotros, el Pueblo de Dios.

Altar

The altar is the table from which Jesus shares his Body and Blood with us. It reminds us of the Last Supper and that Jesus died for us.

Crucifix

A crucifix is a cross with an image of Jesus on it. You may see a crucifix carried in procession by one of the altar servers. The crucifix is a sign of God's love and mercy.

Through the Church, Christ continues to be with us in the world. The Church is every one of us, the People of God.

Desde su comienzo, la Iglesia ha usado símbolos para ayudarnos a comprender lo que creemos como católicos.

Cruz

La Cruz es uno de los símbolos más usados de nuestra fe. Nos recuerda que Jesús murió en la Cruz y resucitó de entre los muertos.

Paloma

La paloma es un símbolo que se utiliza para representar al Espíritu Santo. Nos recuerda el don del Espíritu Santo, que nos fortalece para vivir nuestro Bautismo. La paloma también es un símbolo de paz.

Agua

El agua es un símbolo de la vida y de la muerte. Hacemos la Señal de la Cruz con agua bendita para recordar nuestro Bautismo.

Santos óleos

Hay tres santos óleos que la Iglesia utiliza. Estos óleos se guardan en un lugar especial de la iglesia llamado armario del crisma.

From its beginning the Church has used symbols to help us understand what we believe as Catholics.

Cross

The Cross is one of the most widely used symbols of our faith. It reminds us that Jesus died on the Cross and was raised from the dead.

Dove

The dove is a symbol that is used for the Holy Spirit. It reminds us of the gift of the Holy Spirit, who strengthens us to live our Baptism. The dove is also a symbol for peace.

Water

Water is a symbol of both life and of death. We pray the Sign of the Cross with holy water to remind us of our Baptism.

Holy Oils

There are three holy oils used by the Church. These oils are kept in a special place in the church called an ambry.

EL AÑO LITÚRGICO

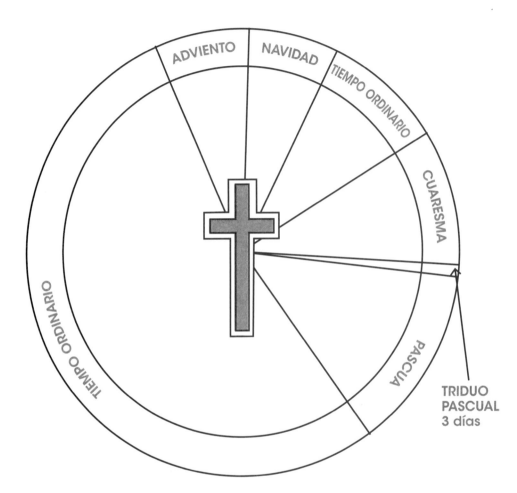

ADVIENTO · NAVIDAD · TIEMPO ORDINARIO · CUARESMA · PASCUA · TIEMPO ORDINARIO

TRIDUO PASCUAL
3 días

Lee la página 64. Luego colorea
los tiempos del año de la Iglesia usando
los colores morado, blanco y verde.

The LITURGICAL YEAR

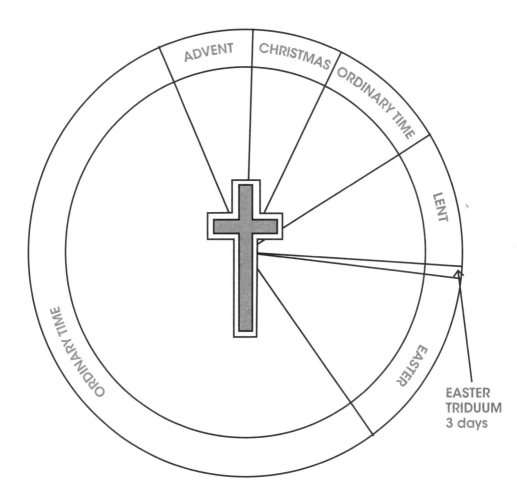

Read page 65. Then color the seasons
of the Church year using the colors,
purple, white, and green.

El año de la Iglesia de oración y alabanza se denomina año litúrgico.

Adviento

El Adviento inicia el año de la Iglesia. Nos preparamos para recordar el nacimiento de Jesús. El color para el Adviento es el morado.

Navidad

En Navidad, la Iglesia celebra el nacimiento de Jesús, el Hijo de Dios. El color para la Navidad es el blanco.

Cuaresma

Durante la Cuaresma recordamos que Jesús murió por nosotros. Es un tiempo de preparación para la Pascua. El color para la Cuaresma es el morado.

Pascua

Durante el tiempo pascual, celebramos que Jesús resucitó de entre los muertos. Jesús nos dio el don de nueva vida. El color para la Navidad es el blanco.

Tiempo ordinario

El tiempo ordinario es el tiempo más largo del año de la Iglesia. El color para el tiempo ordinario es el verde.

The Church year of prayer and worship is called the liturgical year.

Advent

Advent begins the Church year. We get our hearts ready to remember the birth of Jesus. The color for Advent is purple.

Christmas

At Christmas, the Church celebrates the birth of Jesus, God's Son. The color for Christmas is white.

Lent

Lent is the time of the Church year when we remember Jesus died for us. It is a time to get ready for Easter. The color for Lent is purple.

Easter

During the Easter season, we celebrate that Jesus was raised from the dead. Jesus gave us the gift of new life. The color for Easter is white.

Ordinary Time

Ordinary Time is the longest time of the Church's year. The color for Ordinary Time is green.

✠ CELEBRAMOS LA MISA

Los RITOS INICIALES

Recordamos que somos la comunidad de la Iglesia. Nos preparamos para escuchar la Palabra de Dios y celebrar la Eucaristía.

La entrada

Nos ponemos de pie mientras el sacerdote, el diácono y otros ministros entran a la asamblea. Cantamos un canto de entrada. El sacerdote y el diácono besan el altar. Luego el sacerdote va hacia la sede, desde donde preside la celebración.

Señal de la Cruz y el saludo

El sacerdote nos guía para hacer la Señal de la Cruz. El sacerdote nos saluda y respondemos, **"Y con tu espíritu".**

El Acto Penitencial

Admitimos nuestras culpas y rogamos a Dios por su misericordia. Rezamos:

Señor, ten piedad.
Cristo, ten piedad.
Señor, ten piedad.

✠
We Celebrate the Mass

The INTRODUCTORY RITES

We remember that we are the community of the Church. We prepare to listen to the Word of God and to celebrate the Eucharist.

The Entrance

We stand as the priest, deacon, and other ministers enter the assembly. We sing a gathering song. The priest and deacon kiss the altar. The priest then goes to the chair, where he presides over the celebration.

Sign of the Cross and Greeting

The priest leads us in praying the Sign of the Cross. The priest greets us, and we say, **"And with your spirit."**

The Penitential Act

We admit our wrongdoings. We bless God for his mercy. We pray:

Lord, have mercy.
Christ, have mercy.
Lord, have mercy.

El Gloria

Gloria a Dios en el cielo, y en la tierra
paz a los hombres que ama el Señor.

Por tu inmensa gloria te alabamos,
te bendecimos,
te adoramos,
te glorificamos,
te damos gracias,
Señor Dios, Rey celestial,
Dios Padre todopoderoso.

Señor, Hijo único, Jesucristo.
Señor Dios, Cordero de Dios, Hijo del Padre:
tú que quitas el pecado del mundo,
    ten piedad de nosotros;
tú que quitas el pecado del mundo,
     atiende nuestra súplica;
tú que estás sentado a la derecha del Padre,
 ten piedad de nosotros;
porque sólo tú eres Santo,
sólo tú Señor,
sólo tú Altísimo, Jesucristo,
con el Espíritu Santo
en la gloria de Dios Padre.
Amén.

La Colecta

El sacerdote nos guía para rezar la oración
colecta. Respondemos: **"Amén".**

Gloria

Glory to God in the highest,
and on earth peace to people of good will.

We praise you,
we bless you,
we adore you,
we glorify you,
we give you thanks for your great glory,
Lord God, heavenly King,
O God, almighty Father.

Lord Jesus Christ, Only Begotten Son,
Lord God, Lamb of God, Son of the Father,
you take away the sins of the world,
    have mercy on us;
you take away the sins of the world,
    receive our prayer;
you are seated at the right hand of the
    Father, have mercy on us.
For you alone are the Holy One,
you alone are the Lord,
you alone are the Most High, Jesus Christ,
with the Holy Spirit,
in the glory of God the Father.
Amen.

The Collect

The priest leads us in praying the Collect.
We respond, **"Amen."**

La LITURGIA de la PALABRA

Dios habla con nosotros hoy. Escuchamos y respondemos a la Palabra de Dios.

La primera lectura

Nos sentamos y escuchamos mientras el lector lee del Antiguo Testamento o de los Hechos de los Apóstoles. El lector termina diciendo: "Palabra de Dios". Respondemos: **"Te alabamos, Señor".**

El Salmo responsorial

El cantor nos guía para cantar un salmo.

La segunda lectura

El lector lee del Nuevo Testamento pero no lee de los cuatro Evangelios. El lector termina diciendo: "Palabra de Dios". Respondemos: **"Te alabamos, Señor".**

The LITURGY of the WORD

God speaks to us today.
We listen and respond to God's Word.

The First Reading

We sit and listen as the reader reads from the Old Testament or from the Acts of the Apostles. The reader concludes, "The word of the Lord." We respond, **"Thanks be to God."**

The Responsorial Psalm

The cantor leads us in singing a psalm.

The Second Reading

The reader reads from the New Testament, but not from the four Gospels. The reader concludes, "The word of the Lord." We respond, **"Thanks be to God."**

La aclamación

Nos ponemos de pie para honrar a Cristo presente con nosotros en el Evangelio. El cantor nos guía para cantar el **"Aleluya"** u otro canto durante la Cuaresma.

El Evangelio

El diácono o el sacerdote proclama: "Lectura del santo Evangelio según san (nombre del escritor del Evangelio)". Respondemos: **"Gloria a ti, Señor".**

Proclama el Evangelio y al finalizar dice: "Palabra de Dios". Respondemos: **Gloria a ti, Señor Jesús".**

La homilía

Nos sentamos. El sacerdote o el diácono predica la homilía para ayudar a toda la comunidad a entender la Palabra de Dios que escuchamos en las lecturas.

La profesión de fe

Nos ponemos de pie y profesamos nuestra fe. Todos juntos rezamos el Credo.

Acclamation

We stand to honor Christ, present with us in the Gospel. The cantor leads us in singing **"Alleluia, Alleluia, Alleluia"** or another chant during Lent.

The Gospel

The deacon or priest proclaims, "A reading from the holy Gospel according to (name of Gospel writer)." We respond, **"Glory to you, O Lord."**

He proclaims the Gospel. At the end, he says, "The Gospel of the Lord." We respond, **"Praise to you, Lord Jesus Christ."**

The Homily

We sit. The priest or deacon preaches the homily. He helps the whole community understand the Word of God spoken to us in the readings.

The Profession of Faith

We stand and profess our faith. We pray the Creed together.

Credo Niceno

Creo en un solo Dios,
Padre todopoderoso,
Creador del cielo y de la tierra,
de todo lo visible y lo invisible.

Creo en un solo Señor, Jesucristo,
Hijo único de Dios,
nacido del Padre antes de todos los siglos:
Dios de Dios, Luz de Luz,
Dios verdadero de Dios verdadero,
engendrado no creado,
   de la misma naturaleza del Padre,
por quien todo fue hecho;
que por nosotros, los hombres,
y por nuestra salvación bajó del cielo,

*(Durante las palabras que siguen y hasta
y se hizo hombre, todos se inclinan.)*

y por obra del Espíritu Santo se encarnó de
   María, la Virgen, y se hizo hombre;

y por nuestra causa fue crucificado
   en tiempos de Poncio Pilato;
padeció y fue sepultado,
y resucitó al tercer día,
según las Escrituras;
y subió al cielo,
y está sentado a la derecha del Padre;

y de nuevo vendrá con gloria
para juzgar a vivos y muertos,
y su Reino no tendrá fin.

Creo en el Espíritu Santo, Señor
   y dador de vida,
que procede del Padre
   y del Hijo,
que con el Padre y el Hijo
   recibe una misma adoración y gloria.
Y que habló por los profetas.

Creo en la Iglesia, que es una, santa,
   católica y apostólica.
Confieso que hay un solo bautismo para
   el perdón de los pecados.
Espero la resurrección
   de los muertos,
y la vida del mundo futuro.
Amén.

Especialmente durante
los tiempos litúrgicos de
Cuaresma y Pascua, se
puede rezar el Credo
de los Apóstoles en lugar
del Credo Niceno.

Nicene Creed

I believe in one God,
the Father almighty,
maker of heaven and earth,
of all things visible and invisible.

I believe in one Lord Jesus Christ,
the Only Begotten Son of God,
born of the Father before all ages.
God from God, Light from Light,
true God from true God,
begotten, not made,
   consubstantial with the Father;
through him all things were made.
For us men and for our salvation
he came down from heaven,

*(At the words that follow, up to and
including* and became man, *all bow.)*

and by the Holy Spirit was incarnate of the
   Virgin Mary, and became man.

For our sake he was crucified
   under Pontius Pilate,
he suffered death and was buried,
and rose again on the third day
in accordance with the Scriptures.
He ascended into heaven
and is seated at the right hand of the Father.

He will come again in glory
to judge the living and the dead
and his kingdom will have no end.

I believe in the Holy Spirit, the Lord,
    the giver of life,
who proceeds from the Father
  and the Son,
who with the Father and the
    Son is adored and glorified,
who has spoken through the prophets.

I believe in one, holy, catholic
    and apostolic Church.
I confess one Baptism for the forgiveness
    of sins
and I look forward to the resurrection
    of the dead
and the life of the world to come.
Amen.

*Especially during the liturgical
seasons of Lent and Easter,
the Apostles' Creed may
be used in place of the
Nicene Creed.*

Credo de los Apóstoles

Creo en un solo Dios, Padre todopoderoso,
Creador del cielo y de la tierra,
Creo en Jesucristo, su Único Hijo, Nuestro
Señor,

(Durante las palabras que siguen y hasta incluir la Virgen María, *todos se inclinan.)*

que fue concebido por obra y gracia del
Espíritu Santo, nació de Santa María Virgen,
padeció bajo el poder de Poncio Pilato,
fue crucificado, muerto y sepultado,
descendió a los infiernos,
al tercer día resucitó de entre los muertos,
subió a los cielos
y está sentado a la derecha
   de Dios, Padre Todopoderoso.
Desde allí ha de venir a juzgar a los vivos
   y a los muertos.

Creo en el Espíritu Santo,
la santa Iglesia Católica,
la comunión de los santos,
el perdón de los pecados,
la resurrección de la carne,
y la vida eterna. Amén.

Apostles' Creed

I believe in God,
the Father almighty,
Creator of heaven and earth,
and in Jesus Christ, his only Son, our Lord,

(At the words that follow, up to and including the Virgin Mary, *all bow.)*

who was conceived by the Holy Spirit,
born of the Virgin Mary,
suffered under Pontius Pilate,
was crucified, died and was buried;
he descended into hell;
on the third day he rose again from the dead;
he ascended into heaven,
and is seated at the right hand
    of God the Father almighty;
from there he will come to judge the living
    and the dead.

I believe in the Holy Spirit,
the holy catholic Church,
the communion of saints,
the forgiveness of sins,
the resurrection of the body,
and life everlasting. Amen.

La Oración de los Fieles

El sacerdote nos guía para rezar por la Iglesia y sus pastores, por nuestro país y sus líderes, por nosotros y por los demás, por los enfermos y por quienes han muerto. Podemos responder a cada oración de diferentes maneras. Una manera de responder es:

"Te lo pedimos, óyenos".

La LITURGIA de la EUCARISTÍA

Nos unimos a Jesús y al Espíritu Santo para agradecer y alabar a Dios Padre.

La preparación del altar y de las ofrendas

Nos sentamos mientras se prepara la mesa de altar y se recibe la colecta. Compartimos nuestras bendiciones con la comunidad de la Iglesia y en especial con los necesitados. El cantor puede guiarnos en un canto. Se llevan al altar los dones del pan y el vino.

El sacerdote alza el pan y bendice a Dios por todos nuestros dones. "Bendito seas, Señor Dios del universo…". Respondemos:
"Bendito seas por siempre, Señor".

The Prayer of the Faithful

The priest leads us in praying for our Church and her leaders, for our country and its leaders, for ourselves and others, for the sick and those who have died. We can respond to each prayer in several ways. One way we respond is, **"Lord, hear our prayer."**

The LITURGY of the EUCHARIST

We join with Jesus and the Holy Spirit to give thanks and praise to God the Father.

The Preparation of the Altar and Gifts

We sit as the altar is prepared and the collection is taken up. We share our blessings with the community of the Church and especially with those in need. The cantor may lead us in singing a song. The gifts of bread and wine are brought to the altar.

The priest lifts up the bread and blesses God for all our gifts. He prays, "Blessed are you, Lord God of all creation, . . ." We respond, **"Blessed be God for ever."**

El sacerdote alza la copa y reza: "Bendito seas, Señor Dios del universo…". Respondemos: **"Bendito seas por siempre, Señor".**

El sacerdote nos invita: "Oremos, hermanos, para que este sacrificio, mío y vuestro, sea agradable a Dios, Padre todopoderoso".

Nos ponemos de pie y respondemos:
"El Señor reciba de tus manos
este sacrificio, para alabanza
y gloria de su nombre,
para nuestro bien
y el de toda su santa Iglesia".

La Oración sobre las Ofrendas

El sacerdote nos guía para rezar la Oración sobre las Ofrendas. Respondemos: **"Amén".**

Diálogo del Prefacio

El sacerdote nos invita a unirnos para rezar la importante oración de la Iglesia de alabanza y acción de gracias a Dios Padre.

Sacerdote: "El Señor esté con ustedes".
Asamblea: **"Y con tu espíritu".**
Sacerdote: "Levantemos el corazón".
Asamblea: **"Lo tenemos levantado hacia el Señor".**

The priest lifts up the cup of wine and prays, "Blessed are you, Lord God of all creation, . . ." We respond, **"Blessed be God for ever."**

The priest invites us, "Pray, brethren (brothers and sisters), that my sacrifice and yours may be acceptable to God, the almighty Father."

We stand and respond,
**"May the Lord accept the sacrifice
 at your hands
for the praise and glory of his name,
for our good
and the good of all his holy Church."**

The Prayer over the Offerings
The priest leads us in praying the Prayer over the Offerings. We respond, **"Amen."**

Opening Dialog and Preface
The priest invites us to join in praying the Church's great prayer of praise and thanksgiving to God the Father.

Priest: "The Lord be with you."
Assembly: **"And with your spirit."**
Priest: "Lift up your hearts."
Assembly: **"We lift them up to the Lord."**

Sacerdote: "Demos gracias al Señor, nuestro Dios".

Asamblea: **"Es justo y necesario".**

Después de que el sacerdote canta o reza en voz alta el prefacio, proclamamos:
"Santo, santo, santo es el Señor, Dios del universo.
Llenos están el cielo y la tierra de tu gloria.
Hosanna en el cielo.
Bendito el que viene en nombre del Señor.
Hosanna en el cielo".

La Plegaria Eucarística

El sacerdote guía a la asamblea para rezar la Plegaria Eucarística. Rogamos al Espíritu Santo para que santifique nuestros dones de pan y vino y los convierta en el Cuerpo y la Sangre de Jesús. Recordamos lo que sucedió en la Última Cena. El pan y el vino se convierten en el Cuerpo y la Sangre del Señor.

Jesús está verdadera y realmente presente bajo la apariencia del pan y el vino. El sacerdote canta o reza en voz alta el "Misterio de la fe". Respondemos usando esta u otra aclamación de la Iglesia:

Priest: "Let us give thanks to the Lord our God."
Assembly: "It is right and just."

After the priest sings or prays aloud the Preface, we acclaim,
"Holy, Holy, Holy Lord God of hosts.
Heaven and earth are full of your glory.
Hosanna in the highest.
Blessed is he who comes in
the name of the Lord.
Hosanna in the highest."

The Eucharistic Prayer

The priest leads the assembly in praying the Eucharistic Prayer. We call upon the Holy Spirit to make our gifts of bread and wine holy and that they become the Body and Blood of Jesus. We recall what happened at the Last Supper. The bread and wine become the Body and Blood of the Lord.

Jesus is truly and really present under the appearances of bread and wine. The priest sings or says aloud, "The mystery of faith." We respond using this or another acclamation used by the Church,

"Anunciamos tu muerte,
proclamamos tu resurrección.
¡Ven, Señor Jesús!".

Luego el sacerdote reza por la Iglesia. Reza por los vivos y los muertos.

Doxología
El sacerdote termina de rezar la Plegaria Eucarística. Canta o reza en voz alta:
"Por Cristo, con él y en él, a ti,
Dios Padre omnipotente,
en la unidad del Espíritu Santo,
todo honor y toda gloria
por los siglos de los siglos".
Respondemos: **"Amén".**

El RITO DE LA COMUNIÓN

La Oración del Señor
Rezamos juntos el Padre Nuestro.

El Rito de la Paz
El sacerdote nos invita a compartir una señal de paz diciendo: "La paz del Señor esté siempre con ustedes". Respondemos:
"Y con tu espíritu".
Compartimos una señal de paz.

**"We proclaim your Death, O Lord,
and profess your Resurrection
until you come again."**

The priest then prays for the Church. He prays for the living and the dead.

Doxology

The priest concludes the praying of the Eucharistic Prayer. He sings or prays aloud, "Through him, and with him, and in him, O God, almighty Father, in the unity of the Holy Spirit, all glory and honor is yours, for ever and ever."
We respond, **"Amen."**

The COMMUNION RITE

The Lord's Prayer

We pray the Lord's Prayer together.

The Sign of Peace

The priest invites us to share a sign of peace, saying, "The peace of the Lord be with you always." We respond,
"And with your spirit."
We share a sign of peace.

La fracción del pan

El sacerdote parte la hostia o pan consagrado.
Cantamos o rezamos en voz alta:

"Cordero de Dios,
   que quitas el pecado del
mundo,
ten piedad de nosotros.
Cordero de Dios que quitas
   el pecado del mundo,
ten piedad de nosotros.
Cordero de Dios, que quitas
   el pecado del mundo,
danos la paz."

Comunión

El sacerdote alza la hostia y dice en voz alta:
"Éste es el Cordero de Dios, que quita el pecado
del mundo. Dichosos los invitados a la cena
del Señor".

Nos unimos a él y decimos:
"Señor, no soy digno de que entres
en mi casa, pero una palabra tuya
bastará para sanarme".

El sacerdote recibe la Comunión. Luego, el
diácono y los ministros extraordinarios de
la Sagrada Comunión y los miembros de la
asamblea reciben la Comunión.

The Fraction, or the Breaking of the Bread

The priest breaks the host, the consecrated bread. We sing or pray aloud,

**"Lamb of God, you take
    away the sins of the world,
have mercy on us.
Lamb of God, you take away
    the sins of the world,
have mercy on us.
Lamb of God, you take away
    the sins of the world,
grant us peace."**

Communion

The priest raises the host and says aloud, "Behold the Lamb of God, behold him who takes away the sins of the world. Blessed are those called to the supper of the Lamb."

We join with him and say,
"Lord, I am not worthy that you should enter under my roof, but only say the word and my soul shall be healed."

The priest receives Communion. Next, the deacon, the extraordinary ministers of Holy Communion, and the members of the assembly receive Communion.

El sacerdote, el diácono o el ministro extraordinario de la Sagrada Comunión alza la hostia. Nos inclinamos y el sacerdote, el diácono o el ministro extraordinario de la Sagrada Comunión dice: "El Cuerpo de Cristo". Respondemos: **"Amén".** Entonces recibimos la hostia consagrada en nuestras manos o sobre la lengua.

Si nos corresponde recibir la Sangre de Cristo, el sacerdote, el diácono o el ministro extraordinario de la Sagrada Comunión alza la copa que contiene el vino consagrado. Nos inclinamos y el sacerdote, el diácono o el ministro extraordinario de la Sagrada Comunión dice: "La Sangre de Cristo". Respondemos: **"Amén".** Tomamos la copa en las manos y bebemos de ella.

La Oración después de la Comunión

Nos ponemos de pie mientras el sacerdote nos invita a rezar, diciendo: "Oremos". Reza la Oración después de la Comunión. Respondemos: **"Amén".**

If we are to receive the Body of Christ, the priest, deacon, or extraordinary minister of Holy Communion holds up the host. We bow and the priest, deacon, or extraordinary minister of Holy Communion says, "The Body of Christ." We respond, **"Amen."** We then receive the consecrated host in our hand or on our tongue.

If we are to receive the Blood of Christ, the priest, deacon, or extraordinary minister of Holy Communion holds up the cup containing the consecrated wine. We bow and the priest, deacon, or extraordinary minister of Holy Communion says, "The Blood of Christ." We respond, **"Amen."** We take the cup in our hands and drink from it.

The Prayer after Communion

We stand as the priest invites us to pray, saying, "Let us pray." He prays the Prayer after Communion. We respond, **"Amen."**

El RITO DE CONCLUSIÓN

Se nos envía a hacer buenas obras,
alabando y bendiciendo al Señor.

Saludo

Nos ponemos de pie. El sacerdote nos saluda al preparamos para irnos. Dice: "El Señor esté con ustedes". Respondemos: **"Y con tu espíritu".**

Bendición final

El sacerdote o diácono nos invita diciendo: "Inclinen la cabeza para recibir la bendición de Dios". El sacerdote dice: "La bendición de Dios todopoderoso, Padre, Hijo y Espíritu Santo descienda sobre ustedes". Respondemos: **"Amén".**

Despedida del pueblo

El sacerdote o el diácono nos despide, usando estas palabras u otras similares: "Glorifiquen al Señor con su vida".
Respondemos: **"Demos gracias a Dios".**

Cantamos un himno. El sacerdote y el diácono besan el altar. El sacerdote, el diácono y los otros ministros se inclinan ante el altar y salen en procesión.

The CONCLUDING RITES

*We are sent forth to do good works,
praising and blessing the Lord.*

Greeting
We stand. The priest greets us as we prepare to leave. He says, "The Lord be with you." We respond, **"And with your spirit."**

Blessing
The priest or deacon may invite us, "Bow down for the blessing." The priest blesses us, saying, "May almighty God bless you, the Father, and the Son, and the Holy Spirit." We respond, **"Amen."**

Dismissal of the People

The priest or deacon sends us forth, using these or similar words, "Go and announce the Gospel of the Lord." We respond, **"Thanks be to God."**

We sing a hymn. The priest and the deacon kiss the altar. The priest, deacon, and other ministers bow to the altar and leave in procession.

"Ámense unos a otros como yo los he amado."

Glorificad al Señor con vuestra vida. Podéis ir en paz.

Rito de Conclusión, *Misal Romano*

"Love One Another as I have Loved You."

Go in peace, glorifying the Lord by your life.

Concluding Rites, *Roman Missal*

DÍAS ESPECIALES

DÍAS DE PRECEPTO

Días de precepto son días especiales cuando la Iglesia honra a Jesús, a la Santísima Virgen María o a los santos. Los católicos se reúnen para celebrar la misa en estos días especiales.

La Inmaculada Concepción de Santa María Virgen	**8 de diciembre**
Nuestra Señora de Guadalupe	**12 de diciembre**
La Natividad del Señor (Día de Navidad)	**25 de diciembre**
Santa María Virgen, Madre de Dios	**1º de enero**
La Ascensión del Señor	**Cuarenta días después del Domingo de Pascua** (o el 7º Domingo de Pascua)
La Asunción de Santa María Virgen	**15 de agosto**
Todos los Santos	**1º de noviembre**